L'ACADÉMIE D'ARMES

DE LA

RUE SAINT-HONORÉ

LUCIEN PINAUD

L'ACADÉMIE D'ARMES

DE LA

RUE SAINT-HONORÉ

EN 1876

PORTRAITS, ESQUISSES

PARIS
SOCIÉTÉ ANONYME D'IMPRIMERIE
ET LIBRAIRIE ADMINISTRATIVES ET DES CHEMINS DE FER
Paul DUPONT, Directeur
41, rue Jean-Jacques-Rousseau, 41

1880

A CHARLES PONS

Mon vieux et bon maître,

L'hommage que je te fais de ce petit livre où j'ai relaté, aussi succinctement que possible, les caractères, aptitudes et petits travers de tes élèves, n'est qu'un modeste acompte sur l'immense somme d'amitié et de dévouement que je te dois.

Acceptes-en la dédicace comme un juste tribut de la reconnaissance et de l'admiration de ton vieil élève et ami.

Lucien PINAUD

1876

PONS

Au nombre de ces chercheurs infatigables auxquels le monde doit ses progrès, Pons a sa place marquée dans l'histoire de l'escrime française, pour les lumières qu'il a répandues et les innovations qu'il a fait réaliser à son art.

Vouloir raconter la vie entière de Pons, nécessiterait un cadre plus large et une plume plus expérimentée que les nôtres ; aussi, nous contenterons-nous de n'être que l'historiographe impartial des principaux événements qui ont marqué cette existence si bien remplie, dont la devise constante a tenu dans ces trois mots : Honneur, devoir et dévouement.

Né à Menton (Alpes-Maritimes), le 15 juin 1795, vif comme un Méridional, bouillant comme le soleil de son pays, Pons, dès ses plus jeunes années, en homme qui se sent beaucoup de force à dépenser, fut pris de la belle passion de courir le monde.

Engagé comme mousse à l'âge de 10 ans, sur un bâtiment de l'État, Pons, par la précocité de son intelligence, son intrépidité et sa bravoure, parvint, en moins de quatre ans, à conquérir le grade de novice qu'il conserva jusqu'à l'époque de son débarquement, qui eut lieu à Marseille en 1815.

Redevenu terrien, Pons s'enrôlait comme volontaire, le 26 mars 1816, au 5e régiment d'infanterie de la garde royale. Ce fut à cette époque qu'il commença ses premières leçons d'escrime, sous l'habile direction de Figuières, qui, émerveillé des dispositions surprenantes de son élève, prit à tâche de l'initier à la science des armes, de lui en inculquer les finesses et de lui en apprendre les plus profonds secrets. Sorti de la garde royale, le 5 août 1819, avec le brevet de maître d'armes, brevet que l'on ne donnait pas à cette époque avec la complaisante facilité d'aujourd'hui, Pons s'engagea aux voltigeurs, où il ne tarda pas à obtenir les galons de caporal. D'une agilité et d'une souplesse peu communes, aimant tous les sports athlétiques, les pratiquant en fervent, Pons à cette époque suivit avec assiduité les cours de gymnastique du colonel Amoros et, lors du concours de fin d'année, y obtint à l'unanimité tous les premiers prix.

Le 22 septembre 1822, Pons reçut le prix d'honneur et de vertu pour avoir, quelques jours auparavant, sauvé un enfant de dix ans qui se noyait dans la Seine. Semblable aux gracieux paladins qui, en récompense de leurs hauts faits, recevaient l'écharpe brodée des mains de leur gentille dame, Pons fut dans cette circonstance couronné en séance solennelle par la gracieuse comtesse d'Orsay. Là ne s'arrêtèrent pas ses actes de dévouement. Quelques années plus tard, en garnison à Amiens, il retirait d'un incendie une femme et un enfant qui, sans la témérité de son courage, périssaient impitoyablement dans les flammes. Il reçut à cette occasion les chaleureuses félicitations de ses supérieurs.

Pons quitta le service en 1824, après la campagne d'Espagne; il avait alors 28 ans. Grand, bien pris dans sa taille, fort, leste et résolu; la tête à la fois fière et énergique, l'œil profond et expressif, tout en lui recélait l'intelligence et la volonté. Il représentait à cette époque le type du bel homme ; on le lui a dit souvent et, si nous en croyons les chroniques du temps, nul ne nous a fait savoir que le beau Charles s'y soit montré insensible. Dans toute la force de l'âge, livré à lui-même, travaillé de la légitime ambition d'être quelque chose, Pons conçut l'idée de créer une salle d'armes. Ses débuts furent modestes, mais ses capacités et sa bienveillance eurent bientôt fait de lui frayer un chemin, malgré les obstacles de toutes sortes qui embarrassèrent sa route. Rien ne le rebuta pour accomplir sa tâche et il l'accomplit.

Cherchant dans un labeur incessant sa véritable voie, il finit par la rencontrer, en fondant, sous les auspices de MM. de Partonnaux et Joubert sa salle du Corps législatif, berceau de la Société d'escrime actuelle.

La salle de Pons, une fois fondée, ne tarda pas à devenir le rendez-vous des gens du monde et des sommités politiques de l'époque, parmi lesquels figurèrent le célèbre ministre de l'intérieur M. de Martignac.

Travailleur infatigable, passionné pour son art, en recherchant les secrets les plus difficiles avec cet enthousiasme et cette ardeur qui caractérisent ceux qui veulent parvenir, Pons, avec Lozès aîné et Roussel, ses amis, se réunissait le soir après une journée de labeur et, tous trois, l'épée à la main, se perfectionnaient dans cette noble science de l'escrime si profonde pour les vrais maîtres.

Élégant sous les armes, irréprochable dans sa garde, faisant le mur, cette préface de l'escrime, avec une correction inconnue de nos jours, Pons dans les assauts publics subjuguait l'assistance par son jeu plein de ressources, son jugement subtil et la vitesse incomparable de sa main.

Considéré à juste titre comme l'une des épées les plus remarquables de son époque, Pons a fait partie de ce trio invincible dont Bertrand et Lozès formèrent l'ensemble. A l'apogée de sa réputation, Pons venait d'être honoré du livret de maître d'armes du duc de Bordeaux lorsque éclata la révolution de 1830.

Soldat de l'ordre pendant cette triste guerre des rues, Pons s'y signala par son courage chevaleresque. Toujours aux postes les plus périlleux, payant constamment de sa personne, encourageant ses hommes par l'énergie de son attitude, il reçut, en récompense de sa belle conduite, la croix de la Légion d'honneur qu'il porte avec cette fierté de l'homme qui sait qu'il l'a galamment jouée contre sa vie.

Officier porte-drapeau de la garde nationale, consécutivement réélu pendant vingt-six ans, Pons, en sa qualité d'ancien sous-officier de l'armée, réorganisa sa compagnie avec une entente telle, qu'en gage de leur reconnaissance, les officiers et les sous-officiers de la 10e légion lui offrirent deux sabres d'honneur qui, sans représenter à ses yeux le plus beau jour de sa vie, n'en font pas moins aujourd'hui le plus bel ornement des trophées et panoplies qui garnissent sa salle d'armes.

En 1832, Pons fut cruellement éprouvé par la perte irréparable de sa compagne bien-aimée.

Deux enfants lui restaient qu'il éleva avec la plus touchante sollicitude.

L'année suivante, quelques-uns de ses élèves et amis, pour faire diversion à l'accablement de son deuil toujours présent, l'emmenèrent en Angleterre. Précédé par sa réputation déjà universelle, Pons y fut admirablement accueilli. La haute aristocratie anglaise organisa en son honneur un banquet, sous la présidence de lord Willonghley, chambellan de la cour.

Ce voyage, qui ne dura que quelques mois, fut pour lui une longue série de triomphes et d'ovations. A partir de cette époque, Pons fit tous les ans la saison de Londres, presque toujours en compagnie de Bertrand, son adversaire et son ami.

Définitivement de retour à Paris, en 1840, Pons ouvrit la salle d'armes-cercle de la rue Saint-Honoré, et, à l'aide de ses élèves qui embrassèrent ses idées avec enthousiasme, créa la première société d'escrime française. Etabli sur les bases d'un cercle avec statuts et comité, le premier président du *Fencing-Club* fut le comte Rampon, ancien général de la garde nationale, aujourd'hui sénateur.

Pons eut le rare privilège de grouper immédiatement autour de lui les plus fameuses lames du temps. Le baron de Bazancourt, le marquis de L'Angle-Beaumanoir, MM. Rül, Behic, Boutarel, Gérard, etc., contribuèrent tous pour une large part à la réputation et à la prospérité de la nouvelle Société.

Reformée sur de nouvelles bases en 1854, la Société passa par des phases diverses. Pons, avec ce jugement si sûr, ce tact si parfait des hommes et des choses, sut la maintenir au succès de sa création. Elle est son œuvre ; il en est fier comme il a le droit de l'être. Seul, par l'autorité de son immense talent comme professeur, par l'influence salutaire que de tout temps il a exercée sur ses élèves, il pouvait mener à bien une pareille tâche. Nous pouvons proclamer ici que nul mieux que lui n'a porté plus haut la dignité de son art.

L'académie d'armes de la rue Saint-Honoré, aujourd'hui aussi vivace que jadis, est dans la 35e année de sa fondation. Fidèle gardienne de ses vieilles traditions, elle est restée ce qu'elle fut à son début : le cénacle des dilettanti de l'escrime classique.

Voilà, pour un portrâitiste fidèle, le Pons du passé, arrivons à celui du présent.

Pons, aujourd'hui dans sa 85e année, est un vieillard, mais un de ces robustes vieillards qui ressemblent à ces chênes dont les rameaux sont toujours verts. La taille droite et solide, les cheveux... noircissants; sa tournure est celle d'un major anglais, retour de l'Inde.

Depuis bientôt quarante ans sur la brêche, un fleuret à la main, Pons est resté le dernier survivant de cette brillante pleïade de tireurs qui ont illustré le milieu de ce siècle.

Digne conservateur des grands principes de la belle époque de l'escrime française, il en est resté la dernière personnification.

Omnipotent dans sa salle, la dirigeant toujours avec le même tact et le même dévouement, Pons a su conserver et se créer à nouveau de sincères amitiés.

Semblable aux vieux guerriers qui aiment à faire le récit de leurs campagnes, Pons, après les heures d'études, raconte volontiers les historiettes dont il a été le héros ou le témoin oculaire. Intarissable dans ses racontars, peut-être un peu ambigu dans ses dénouements, il vous parlerait à son gré de tous les sujets.

Si vous y tenez, il vous fera une conférence politique ; aimez-vous mieux les anecdotes, il vous en contera de toutes les couleurs ; il a tant vu.

Libéral sans excès, il admet tout dans la discussion, excepté la contradiction.

Lunatique en diable, d'une disposition d'esprit pas toujours très égale, Pons, à certains jours, semble être sous l'influence d'une irritation étrange. Ses élèves, surpris de ce fait anormal, recherchèrent pendant de longues années la cause de ce phénomène inexpliqué. Leur perspicacité mise en éveil, grâce à leurs calculs savants, est venue à bout de ce mystérieux problème. Ils ont péremptoirement établi : que le vieux maître portait sur lui le propre baromètre de son humeur par assimilation à la couleur des différentes toques dont il se coiffait.

Ces variations ont été mathématiquement classées comme il suit : la toque noire, qu'il porte crânement inclinée sur le côté gauche, avec un petit air de contentement, indique un ciel sans nuage : le beau fixe.

La toque bleue, portée avec un peu moins d'inclinaison : le variable; et, la toque rouge, complètement enfoncée jusqu'à la nuque : la tempête et les grands vents. Inutile de constater que les jours où cette dernière est de garde toute plaisanterie risquée trouve sa punition immédiate par un agrafage sans réplique, selon son expression pittoresque.

Malgré l'influence physico-mathématique des toques, Pons est le meilleur homme du monde. Nous avons été à même de constater que les vivacités passagères de son caractère n'avaient jamais nui aux bons mouvements de son cœur.

Généreux et désintéressé, d'une sûreté de relations sans égale, sa vie s'est passée à rendre service à ses amis. Il a donné son amitié sans arrière-pensée, mais ne l'a jamais gaspillée mal à propos, ce qui en a doublé la valeur.

D'un ardent patriotisme, il souffrit cruellement de nos désastres. Malgré ses 75 ans, droit et ferme, nous avons pu le voir, pendant le siège de Paris, affronter les intempéries de ce rigoureux hiver de 1870 pour faire régulièrement son service aux remparts. Malade, abattu par nos revers, ses peines matérielles et personnelles le touchèrent à peine, si grandes furent ses douleurs morales. La nouvelle de la mort de notre regretté président, le comte de Mailly-Châlon, auquel il avait voué une amitié profonde, fut pour lui un coup terrible dont il ne s'est pas encore relevé.

Pons est de ceux qui ont le culte vénéré du souvenir.

S'il est une figure grande, noble et généreuse dont l'histoire de l'escrime française ait le droit de s'enorgueillir, c'est assurément celle de Charles Pons, l'incarnation la plus pure du devoir et du talent.

Sans autre parti pris que la vérité et la justice, les générations futures ne parleront de lui qu'avec cette déférence et ce respect dus à une vie entière consacrée au service du bien et au progrès de la science.

Il peut venir à disparaître; mais, semblable à ces météores lumineux qui, une fois éteints, laissent encore après eux les empreintes indélébiles de leur passage, Pons vivra éternellement dans la mémoire de tous ceux qui l'ont connu :. c'est assez dire de tous ceux qui l'ont aimé.

CHARTIER

Quand le sixième coup de six heures retentit bruyamment au beffroi de Saint-Roch, si vous entendez à la cantonnade une voix pousser un ouf! de satisfaction, vous pouvez, sans crainte d'être contredit, assurer que c'est maître Chartier qui, prestement échange ses vêtements de combat et d'esclavage contre la simple redingote de l'homme libre.

Petit de taille mais solidement bâti, grassouillet comme un bénédictin en rupture d'abstinence, l'œil inquiet, la moustache hérissée, Chartier est le type accompli du Berrichon joyeux et bon enfant.

Né à Bélabre (Indre), le 25 juin 1829, appelé sous les drapeaux en l'an de grâce 1849, Chartier, pendant son passage au régiment, fut le héros d'aventures variées et singulières dont nous nous garderons d'entreprendre le récit; notons seulement que ce fut pendant cette période septennale qu'il acquit les premiers principes d'escrime, science pour laquelle il montra de telles aptitudes qu'à la libération de son service le fantassin se trouva métamorphosé en maître d'armes.

En 1856, Chartier, rendu à la vie privée, commença à voler de ses propres ailes; le 9 novembre de la même année, il entrait chez Pons, au contact duquel il ne tardait pas à acquérir un supplément de connaissances et un perfectionnement de méthode qui, en peu de temps, le classèrent au nombre des prévôts les plus en renom.

Collaborateur de Pons depuis plus de vingt ans, professant pour son vieux maître une affection et un dévouement sans bornes, ce sont presque les noces... de fer de ses loyaux services que nous célébrons ici.

Bien en garde sous les armes, souple à l'attaque, dextre à la riposte, Chartier possède d'excellentes jambes dont il sait faire un usage utile; il rachète son manque de taille par une correction d'attaque mathématique. Son jeu, plein d'entrain et de précision, sacrifie la variété des coups à la régularité la plus parfaite. Ses attaques procèdent par *coup droit* ou *dégagement,* qu'il fait précéder d'une *légère pression,* le tout exécuté avec une rapidité extrême. Le *contre de quarte simple* ou le *contre de quarte dégagé dessous* sont ses parades de prédilection; Chartier, en tireur malin, ne se sert de cette dernière parade que lorsqu'il se trouve en face d'un tireur réel : c'est le coup du lapin de ses assauts. Aujourd'hui, Chartier, désabusé des gloires de ce monde, fatigué des luttes de l'épée, n'a plus pour le grand art de l'escrime le goût et l'entrain de ses jeunes années. Nous pourrions même, si nous ne craignions de tomber dans l'hyperbole la plus fantastique, affirmer que le plaisir qu'il éprouve lorsqu'on le convie à un assaut public, ou qu'on le provoque à un combat singulier, a un certain point d'analogie avec la joie que ressentirait un membre de la race féline auquel on plongerait la tête dans un récipient d'eau.

Homme de devoir malgré tout, il sait faire contre fortune bon cœur et paraître toujours prêt aux nécessités de sa rude profession.

Lors de l'investissement de Paris, Chartier, à l'approche de l'ennemi, sentit vibrer en lui la fibre patriotique. Nommé sergent-instructeur dans un bataillon de marche, choisi à plusieurs reprises pour des missions de confiance et de péril, il sut mériter par l'énergie de sa conduite et l'abnégation de son dévouement, l'honneur d'une citation à l'ordre du jour.

D'un caractère droit, d'une vie privée irréprochable, Chartier considère judicieusement l'honnêteté comme le trésor le plus précieux que lui ait légué sa famille. Sa seule ambition est de le laisser à ses enfants aussi intact que lui-même a su le conserver.

Complaisant, obligeant et serviable, il a su, par ses attentions et ses prévenances, se concilier l'estime et l'amitié de tous les membres de la salle.

Si, vous promenant dans les parages de Bois-

Colombes, vous remarquez une maisonnette à l'aspect riant et pittoresque, où les glycines et le lierre se marient poétiquement aux chèvrefeuilles et aux roses sauvages, reconnaissez le gentil cottage où, chaque dimanche, maître Chartier vient se délasser des rudes labeurs de la semaine. Si vous l'apercevez en manches de chemise, arrosant ses fleurs qu'il traite à l'état d'idoles, dites-vous : C'est une âme heureuse et tranquille qui goûte paisiblement le fruit de vingt années de travail, honorablement acquis.

BENAZET

Benazet est un gentleman correct, au type castillan. Son caractère ouvert et avenant, son aspect bon vivant, lui ont acquis des amitiés qui se sont affirmées d'une manière durable.

Homme de loisir dans la belle acception du terme, Benazet sait faire un digne usage de son immense fortune. Son obligeance et sa charité sont inépuisables. Homme de goût, doué de l'esprit le plus sûr et du sens artistique le plus fin, il cultive avec un égal succès la peinture et la musique. En peinture, il suit la trace des Henri Monnier et des Daumier, tout en conservant sa propre originalité. En musique, les effets merveilleux qu'il sait obtenir de son violoncelle en font l'émule des Franchomme et des Jacquard. Benazet, sous l'Empire, a dirigé un grand journal quotidien. Il a bientôt renoncé à la politique militante, n'y ayant trouvé qu'amertume et désenchantement.

Conseiller général pour le canton du Blanc, Benazet se contente d'y défendre avec zèle les intérêts de sa région, ce qui lui a concilié l'estime de ses concitoyens. Capitaine pendant la guerre, il a vaillamment commandé les mobiles de l'Indre. C'est un cœur généreux et un bras fort.

Cavalier intrépide et hardi, Benazet est un infatigable chasseur devant saint Hubert. L'hallali et le bien-aller n'ont pas de corniste plus acharné; c'est l'un des meilleurs veneurs du Berry. L'époque des chasses à courre est prétexte à de nombreux et brillants raoûts dans son château de Roche-Bellusson. L'accueil de la châtelaine plein d'une aisance exquise donne un grand attrait à ces réceptions, les plus larges et les plus cordiales que l'on puisse souhaiter.

Joyeux convive, amateur de bonne chère et de vins vieux, Benazet, d'une nature un peu apathique, se laisse trop aller au doux *farniente* où se plaît à le confiner son bonheur.

Prenons garde à cet embonpoint menaçant!

Considéré à juste titre comme l'un des membres les plus intermittents de la salle, Benazet n'a pas persévéré en escrime, où il promettait de tenir dignement sa place.

N'assisterons-nous pas au réveil du lion?

BOUDIN

Boudin, pour employer un terme imagé, est l'homme-centaure de la salle. Sa volonté de fer, son énergie bien connue l'ont fait arriver à un résultat surprenant dans les différents sports qu'il a entrepris. Tireur de méthode, Boudin est une de nos épées les plus complètes ; il possède à un très haut point le jugement qui fait défaut à si grand nombre de tireurs. Ses attaques dans les préparatifs de ses adversaires sont de purs chefs-d'œuvre d'à-propos et de justesse. Sa parade de *septime*, qu'il affectionne particulièrement, est exécutée avec une promptitude inattendue. Le seul reproche que l'on puisse faire à Boudin consiste dans le manque de longueur de son jeu, conséquence de son manque de souplesse.

Véritable dilettante de l'escrime, Boudin manque rarement d'assister aux assauts publics de professeurs et d'amateurs, où, en appréciateur compétent, il cherche à se familiariser avec toutes les roueries du métier. Féroce de la boxe, les lauriers des Mennière, des Gaillard et des Brière empêchent de dormir Boudin. Encore quelques années dans le style où il malmène Lecour, son brave maître, et le roi de la boxe finira par rester étendu sur le carreau.

Boudin est un chaud protecteur des jeux athéniens. Les assauts de canne et de boxe, les luttes à mains plates, les courses de chevaux, les réunions de gymnasiarques n'ont pas de spectateur plus assidu.

Ce portrait taillé à l'emporte-pièce ne sera complété que quand nous aurons signalé Boudin comme l'un des hommes les plus charmants qu'il nous ait été donné de rencontrer.

Dans la vie publique, c'est une autorité juridique en même temps qu'un caractère droit et un jugement élevé. Dans la vie privée, un excellent père de famille ; nous ajouterons même que pendant le siège de Paris Boudin fut un parfait garde national.

Signe particulier : Boudin est l'homme le plus inexact de la salle; son horreur des horloges est proverbiale.

BUSSON-BILLAULT

(JULIEN)

Petit-fils du célèbre ministre de l'Empire, fils du brillant avocat, Julien Busson semble avoir hérité des qualités solides de sa famille. Petit, trapu, l'œil étonné, quoique rien ne l'étonne, Julien Busson est la personnification de la jeune France actuelle, galante, spirituelle et railleuse. Camarade dévoué, collègue charmant, c'est aussi un ami sur les services duquel on peut toujours compter à un moment donné.

Garçon sérieux et travailleur, il a brillé dans tous ses examens, dont la dernière étape a été l'École de Droit. Il entre dans la vie par la porte du succès.

Quand son tempérament remuant et son naturel humoristique auront acquis le calme nécessaire à un futur homme d'État, nous aurons lieu d'espérer, en Julien Busson, une sommité digne de ses illustres ascendants.

Essentiellement gai et spirituel, Julien Busson adore le monde, il se trouve là, dans le véritable milieu qui lui permet de donner un libre essor à ses qualités charmantes de causeur et d'homme galant. Danseur intrépide, il n'aime la danse (disons-le bien bas) que pour les ravages que ses attentions aimables font parfois dans le cercle de ses danseuses ordinaires. Ne faut-il pas que jeunesse se passe !

Musicien de talent autant que pianiste complaisant, on l'a vu dans une soirée remplacer un orchestre fatigué ; ce soir-là, toutes les palmes du cotillon lui ont été unanimement décernées.

Passionné pour la musique d'Offenbach, Julien Busson est l'homme de Paris le plus ferré sur l'opéra-bouffe. Il a vu à lui seul *les Brigands,* plus que tous ses collègues réunis. Son idole est l'acteur Dupuis, avec lequel il a du reste une vague ressemblance. Il l'imiterait même au besoin.

Fantassin volontaire dans un régiment de ligne au Havre, il a payé son tribut à la patrie, en se faisant citer à l'ordre du jour, pour le sang-froid et l'énergie dont il a fait preuve vis-à-vis d'une bande d'émeutiers.

A la salle d'armes, Julien Busson fait de l'escrime autant par hygiène que par goût. Quand, le fer à la main, il deviendra plus impassible, quand il saura mettre un frein à ses mouvements exagérés, qui annihilent ses aptitudes véritables, nous possèderons, en Julien Busson, une épée sérieuse, avec laquelle il nous faudra compter.

Buveur d'eau, sans doute pour faire passer la pâtisserie dont il est friand à l'excès, Julien Busson professe un véritable culte pour le baba, le savarin ou le chou à la crême. Constatons à sa louange qu'il a toujours dédaigné les brioches avec le mépris le plus parfait.

BUSSON-BILLAULT

(ADOLPHE)

Tout à fait différent de son frère, aussi dissemblable au physique qu'au moral, Adolphe Busson est le plus grand quoique le plus jeune des deux, ce qui, entre parenthèses, fait joliment enrager son aîné.

D'un abord plus froid que Julien, froideur qui trouve son excuse dans son excessive timidité, Adolphe Busson, rempli de qualités sérieuses, susceptible de dévouements discrets, nous fait l'effet d'un avare qui n'oserait montrer ses trésors. Heureusement que l'indiscrétion nous a mis à même de connaître personnellement la valeur de ses richesses.

Travailleur opiniâtre, il fait tout ce qu'il entreprend sans difficulté. Moins démonstratif et moins bruyant que son frère Julien, cela ne l'empêche pas de se diriger sûrement vers le but qu'il poursuit.

Esprit caustique, plein d'à-propos, rien ne le surprend, rien ne le démonte.

Il cherche sans cesse le mot plaisant qu'il trouve toujours. Une anecdote grivoise lui en suggère immédiatement une autre. Il abuse peut-être un peu trop des mots risqués, mais les lance avec tant d'esprit qu'il se les fait presque pardonner. Peu amateur du monde où il ne s'amuse que médiocrement, Adolphe Busson y tient cependant bien sa place. Observateur perspicace et profond, possédant un vif talent d'imitation, il sait trouver le faible ou le ridicule des personnes qu'il fait passer sous le fouet de ses sarcasmes.

Il sait généralement approprier le mot caractéristique pour exprimer les petits travers de la société mondaine. D'un appétit fantastique, doué par la nature d'une capacité d'absorption extraordinaire, Adolphe Busson forme avec de Molombe et Robert Cottin le trio pantagruélique de la salle. (Ne jamais les inviter à dîner que séparément.) En escrime, Adolphe Busson n'est encore qu'un débutant. L'ardeur et la persévérance qu'il met à venir plastronner en dehors des jours de salle, nous incline à présager en lui un tireur capable d'ici peu de temps de faire échec à nos lames les plus renommées.

Patriote éprouvé, Adolphe Busson, tout comme le libérateur du territoire, dont il porte le prénom, se croit obligé d'apporter sa quote-part à la rançon de son pays en consommant une quantité inavouable de cigares. Véritable vestale de la régie, sans s'être cependant astreint aux vœux de chasteté des prêtresses romaines, il a pris pour devise : allumer, ne jamais laisser éteindre.

Auguste de CLERMONT

Clermont est le marquis de Crac de la salle; ses longs racontars, ses récits invraisemblables font la joie des sceptiques; il a cependant les qualités de son exagération et de son enthousiasme, c'est-à-dire beaucoup de sincérité et de conviction.

Au physique, Clermont est un gentilhomme bâti en athlète, dont le sourire respire la bonté et l'égalité de caractère. Sa moustache blonde crânement relevée aux coins, semble appeler les belles et défier les méchants.

Chasseur remarquable, nageur émérite, pêcheur patient, cavalier intrépide, patineur audacieux, tous les sports lui sont familiers.

A tous ces talents corporels, Clermont joint celui d'être un aquarelliste distingué et un musicien qui aurait pu devenir un maëstro, si le nombre incalculable de choses qu'il a entreprises ne l'eussent empêché de s'adonner à cet art avec tout le recueillement qu'il comporte.

Pendant la guerre franco-prussienne, Clermont a prouvé son abnégation et sa virilité en partant simple soldat et en revenant capitaine, après avoir conquis tous ses grades à la pointe de son énergie.

Grâce à une vitesse de main naturelle, Clermont est appelé, avec sa persévérance bien connue, à devenir une de nos bonnes lames. Quand il aura rectifié certaines petites imperfections de son jeu, causées par l'ardeur de son tempérament trop exubérant, il pourra, dans un avenir très prochain, grossir la liste déjà si nombreuse des tireurs d'élite dont la salle Pons, à juste titre, a le droit de s'enorgueillir.

Clermont, en dehors de ses avantages physiques, est un polyglotte remarquable. Il parle toutes les langues connues sans l'ombre d'un accent. Ne mettez jamais la conversation sur les pays qu'il a visités, sa faconde deviendrait extrême ; le marquis de Crac reparaîtrait.

Clermont est un des fidèles du tir aux pigeons. On peut le considérer, sans vouloir le flatter, comme l'un de nos meilleurs fusils. Est-ce que par hasard, me demandait un loustic, ce serait une vengeance du rôle de pigeon qu'il a joué à une époque lointaine ? Si cela est, nous doutons fort qu'il rentre jamais dans ses frais.

Baron de COMMAILLE

Commaille est un gentilhomme aimable et spirituel, petit de taille mais très élevé de sentiments. Aimé de tous ceux qui le connaissent, c'est un esprit modeste et sage. Pendant la dernière guerre, il a fait preuve de fermeté et de dévouement dans les circonstances les plus périlleuses. C'est à sa belle conduite pendant ces événements terribles qu'il doit le ruban des braves qui orne sa boutonnière. Membre de la société d'escrime depuis de nombreuses années, Commaille n'y paraît qu'à de rares intervalles, au grand regret de tous ceux qui apprécient à sa juste valeur la loyauté et l'urbanité de son caractère. Commaille habite une partie de l'année ses terres de Seine-et-Marne où il s'occupe personnellement de ses travaux agricoles et des intérêts de ses concitoyens.

Ne donnant que fort peu de temps aux luttes de l'épée, Commaille n'est parvenu en escrime qu'à un demi-résultat. Il attaque par des *coupés* ou par une *pression d'épée* peut-être un peu trop accentuée. Pourquoi ne s'en tient-il pas à ses attaques de pied ferme, qu'il exécute quand il veut avec une autorité incomparable.

La lutte des Guelfes et des Gibelins au XIIIe siècle; des Armagnacs et des Bourguignons au XIVe; les rivalités sanglantes des maisons d'York et de Lancastre au XVe, peuvent seules être prises comme analogie avec les combats singuliers, pleins d'acharnement et de courtoisie, qui eurent lieu à une époque peu éloignée entre le baron de Commaille et le comte de Neverlée.

Disons que ces luttes inoffensives où l'amour-propre des combattants se trouvait seul engagé, se terminaient toujours par des flots de champagne que le vaincu offrait à son vainqueur et aux nombreux témoins de ce tournoi chevaleresque.

Achille ne ressortira-t-il plus de dessous sa tente?

Auguste COTTIN

Si l'affabilité et la politesse étaient bannies du reste de la terre, on les retrouverait incarnées chez Cottin. Sympathique entre tous, grâce à ses qualités aimables, Cottin est un des assidus du fleuret où, en dehors du perfectionnement technique qu'il y recherche, l'hygiène y prend une large part.

D'un naturel avenant, aimé de tous ses collègues, ses moindres absences à la salle y deviennent presque un événement.

Cottin appartient à cette vieille bourgeoisie française, sévère incarnation de la conscience et du devoir qui, par le dévouement à son pays, le respect à ses lois, a conservé intactes ses traditions de probité et d'honneur.

Appelé sous l'empire à une des plus hautes situations administratives, ses capacités et sa sollicitude ont laissé derrière lui, non seulement des souvenirs, mais encore des regrets.

Ami convaincu dans les jours de prospérité, il est resté le compagnon fidèle dans les revers qui ont affligé d'illustres absents.

D'un naturel un peu docte, Cottin aime à guider les jeunes; que les jeunes se laissent guider en toute confiance, ils ne trouveront pas un mentor plus digne et plus parfait. Cottin possède une connaissance approfondie de l'escrime, science qu'il a pratiquée dès le collège. Tireur vigoureux, son jeu annonce la force, la souplesse et le raisonnement. Il attaque par *menacé coupé* entrepris avec une légèreté de main extraordinaire où trompe la *septime* qu'il fait suivre d'un *dégagement* foudroyant. Comme pareur, il emploie le *demi-cercle* qu'il fait suivre d'un *coupé* exécuté avec une rapidité prodigieuse.

Aussi modeste que la fleur qu'il affectionne, la vie de Cottin est celle d'un patriarche. Retiré une partie de l'année dans son domaine de Champrosay, Cottin partage son temps entre le plaisir de la pêche et l'élevage des abeilles.

Robert COTTIN

Né cuirassier par sa taille élevée, souple et bien modelée, Robert Cottin l'est devenu réellement par le service volontaire qu'il a accompli de la manière la plus brillante dans l'un de ces régiments d'élite dont Reischoffen a consacré la gloire.

D'un naturel bon enfant, toujours gai, la gravité des travaux auxquels il se livre avec autant d'assiduité que d'intelligence, n'altère en aucune façon la sémillance de son caractère.

Très ferré sur le code judiciaire de la salle,

toute phrase entachée de gauloiserie par trop croustillante est prétexte pour lui à l'appel des foudres de la censure. Cette âpreté aux peines disciplinaires trouve sa raison explicative dans la soif constante qui dévore le jeune Cottin.

D'un esprit primesautier, jovial et malicieux, il aime les farces qui tendent à amener la confusion dans la salle d'armes. Son enthousiasme ne connaît plus de bornes, quand le vieux maître cherche de son œil scrutateur et de son air le plus furibond, le malheureux délinquant. Robert Cottin possède un jeu de fleuret d'une grande rectitude. Ses attaques par dégagement de pied ferme sont exécutées avec autorité, concision et prestesse. Malheureusement, son défaut de prendre trop de garde l'empêche de juger exactement sa distance et par ce fait neutralise souvent l'effet de ses meilleurs coups.

Doué par la nature d'un estomac à toute épreuve, Robert Cottin est non seulement un joyeux convive, mais encore une fourchette remarquable.

Toujours bien disposé pour ce qui touche à la gastronomie, il a pris pour devise : *Lassata sed non satiata.*

Henri COUTURIÉ

Grand, mince, la moustache blonde, Couturié a la distinction des gens que l'obésité n'envahira ni dans le présent, ni dans l'avenir.

Angloman dans toute l'acception du mot, son aspect un peu froid, la manière simple et élégante dont il s'habille, tout en lui rappelle les *swells* de Piccadilly. Couturié ne s'en tient pas seulement aux apparences. La façon dont il a organisé son existence est puisée en tous points dans le manuel du parfait Anglais. Paris le printemps, les *watering places* l'été, la chasse en automne, Pau l'hiver, sont les stations périodiques de Couturié.

En escrime, Couturié peut être considéré à bon escient comme d'une force positive. Les exercices sportiques auxquels il se livre journellement, le trouvent dans un état constant d'entraînement qui lui donne un grand avantage à la salle d'armes. Sa garde est académique, son jeu élégant. Il attaque par un *dégagement* rapide ou par un *une-deux* irréprochable. La dextérité de son doigter se fait surtout remarquer dans ses parades de *prime* suivies de coupés de revers, qu'il entreprend avec succès dans les passes d'armes dont il a le secret. Le seul défaut que tout le monde s'accorde à lui trouver, consiste dans la trop grande rareté de sa présence à la salle.

Couturié professe une adoration pour la race canine. Il pousse la canophilie jusqu'à l'excès. Nul doute, que si la métempsycose existe, l'âme de Couturié ne se retrouve un jour dans le corps d'un *slougli algérien* ou dans celui d'un *King Charles* britannique.

Couturié, comme bien de ses amis du Club, a prouvé sa nature énergique pendant la dernière guerre. La façon pleine d'entrain avec laquelle il a enlevé ses mobiles devant le feu de l'ennemi, nous a rappelé le temps où il conduisait avec tant d'audace ses coursiers célèbres au *Winning-Post* de la Marche. Homme de cheval dans toute la force du terme, si par hasard vous rencontrez Couturié à pied, vous cherchez instinctivement, à sa proximité, le cheval qu'il va monter ou duquel il vient de descendre.

Couturié fut jadis une des gloires du turf français, où, pendant longtemps, il tint la tête parmi nos *riders* les plus habiles. Qui ne se souvient des triomphes des *Lauzun*, des *Hardy*, des *Lady Dawson* et des *Magny*, pour la plupart ses élèves, tous dressés par lui.

On pourrait facilement appliquer à Couturié l'aphorisme suivant : Dis-moi ce que tu montes, je te dirai qui tu es.

Raoul DENISANE

Denisane est un des jeunes de l'Académie d'armes de la rue Saint-Honoré. Gentil cavalier, agréable et avenant, la droiture de ses sentiments lui a concilié toutes les sympathies. Nerveux et robuste, doué d'une agilité et d'une souplesse peu communes, Denisane fait regretter qu'il soit né dans un milieu qui lui ait permis de laisser endormir des aptitudes aussi précoces. Franconi, Dejean, Fernando, voilez-vous la face, donnez un libre cours à votre profond désespoir ; Denisane a l'égoïsme de conserver pour lui ses petits talents de société. Il reste le gymnasiarque des salons.

Remarque : si le jeune Raoul Denisane vous proposait de l'accompagner sur un balcon, n'obtempérez jamais à ce désir ; non qu'il soit disposé à haranguer le peuple comme l'a fait souvent un dictateur célèbre, mais parce qu'il serait capable d'enjamber la balustrade et de sauter pour vous prouver sa force de résistance ou essayer l'élasticité de ses jarrets.

Musicien érudit, il est compositeur agréable et virtuose distingué. Mélomane, ses faveurs se partagent entre les sonates et les menuets. Beethoven le charme, Mendelssohn l'éblouit. Infatigable disciple de Terpsichore, comme d'autres le sont de saint Hubert, il égale par son intrépidité les danseuses les plus passionnées. Sa compétence en matières chorégraphiques le fait rechercher pour la direction des cotillons, qu'il conduit au grand désespoir de l'orchestre auquel il ne laisse de repos que quand l'aube aux doigts pâles vient frapper aux vitres et donner le signal de la retraite.

Denisane en escrime n'a pas répondu à l'attente que pouvaient faire augurer ses qualités physiques et son endurance à toute épreuve.

Grâce à l'habileté de sa main, à la rapidité de ses jambes, il aurait pu en peu de temps prendre place parmi les tireurs classés, si son obstination à se créer un jeu fantaisiste, jeu qui lui donne souvent l'avantage du coup de bouton, mais pas du bel assaut, n'était venu mettre une entrave aux espérances qu'il avait fait concevoir. Hors de portée sur une attaque franche de son adversaire, il tâche de le faire marcher pour l'arrêter sur place. Il attaque avec témérité par une feinte suivie d'un coup rapidement exécuté. Son défaut de baisser la tête en rompant ou de bourrer sur la riposte de son adversaire, empêche les phrases suivies et nuit à l'ensemble de ses assauts. L'irrégularité de son jeu l'a fait surnommer le Wagner de l'escrime.

DRAKE DEL CASTILLO

Descendant du célèbre navigateur anglais sir Francis Drake, le jeune Georges del Castillo est un parfait gentleman à l'abord aimable et séduisant, à l'ensemble affable et distingué. De stature au-dessus de la moyenne, la taille svelte et bien prise, mince et nerveux, doué d'une adresse sans égale, il brille dans tous les exercices virils qu'il pratique en sportsman de goût et d'instinct.

L'escrime, la chasse, le yachting, le tir aux pigeons, l'équitation et le patin sont ses sports de prédilection.

A l'exemple de Proserpine, Drake passe six mois de l'année dans l'enfer parisien et les six autres mois dans ses terres de la Touraine.

A Paris, il partage le meilleur de son temps entre le monde où il est choyé, le sport où il brille et les arts où il excelle.

Parfait écuyer, sachant apprécier les qualités et la beauté d'un cheval, avec cette intuition qui dénote le vrai connaisseur, Drake, au printemps, est l'un des assidus de l'avenue des cavaliers et en automne, l'un des plus hardis huntsmen de la Touraine. Actif et même laborieux, Drake a su s'organiser à la campagne l'existence de l'homme du monde intelligent.

Épris du charme de la solitude, il aime à s'égarer dans les grands bois qui avoisinent son château: c'est là que, sans autres témoins que les faunes, les sylvains et les hamadryades, il s'adonne avec enthousiasme à son art préféré, la peinture. Talent fin et charmant, de ses petits tableaux se dégagent ce sentiment poétique, cette connaissance approfondie de la nature qui dénote à première vue le penseur et l'artiste.

Dans un ordre plus réel mais non moins artistique, Drake, en collaboration avec le blond Phœbus, est le producteur de plaques photographiques, véritables petits chefs-d'œuvre d'exactitude et de clarté. Pianiste de talent et même compositeur à ses heures, ses mélodies sont empreintes de cette exquisité et de cette poésie qui se retrouvent au plus haut degré dans sa peinture.

Mathématicien, chimiste et physicien, à l'aide de la science des O et des X, Drake recherche la solution des problèmes les plus ardus, qu'il réalise et sanctionne par la pratique, dans un petit laboratoire spécial qu'il s'est fait ériger dans son parc. En escrime, Drake n'est encore qu'une recrue qui ne tardera pas à gagner ses chevrons, si sa persévérance parvient à égaler les qualités aussi rares que précieuses dont la nature l'a doté. Semblable à Antée renaissant au contact de la terre, chaque assaut semble ranimer ses forces et lui donner une vigueur nouvelle. C'est un tireur d'avenir. Drake, à l'exemple de son illustre aïeul (bon sang ne peut mentir), a le goût inné des voyages. Il a visité les pays les plus curieux, non en simple touriste, mais en chercheur et en érudit. La Havane dont il est originaire, les États-Unis, l'Italie, l'Espagne, l'Égypte et la Syrie (où il se figure avoir tué nuitamment un Arabe pillard et voleur), ont été les principales escales de ses pérégrinations lointaines.

De ces voyages, Drake a minutieusement recueilli une infinité de bibelots de toutes sortes, remarquables par le discernement et l'esprit de bon goût qui ont présidé à leur assemblage. Sa collection de pipes, dont l'originalité et la rareté ne le cèdent en rien à la richesse, lui constitue à juste titre la plus merveilleuse *pipliothèque* de Paris. D'un caractère doux et avenant, obligeant et serviable, Drake aime volontiers à tendre la main, mais déteste qu'on la lui force.

Contrariant par nature, il accepte rarement d'emblée ce qui lui est proposé, et jongle avec les conseils les plus désintéressés. Au demeurant le plus charmant garçon du monde; le tout dépend de la manière dont on sait le prendre.

Animé des meilleures dispositions pour l'hyménée, le jeune Drake s'en détourne avec méfiance aussitôt qu'une belle-mère, par sa contenance aimable, a l'air de lui faire des avances. Il croit voir dans ce fait une intrigue machiavéliquement préparée de longue main, ce qui suffit pour déplaire souverainement à son caractère, dont l'indépendance ne supporte pas l'insinuation.

L'horreur que lui inspirent ces gracieusetés séniles, lui a fait refuser jusqu'à présent tous les partis qui lui ont été proposés. L'opinion générale s'accorde à le voir un jour ou l'autre jeter son dévolu sur une pauvre orpheline.

Type de l'homme heureux s'il en fut, Drake a cependant un point noir dans son existence, que notre impartialité de portraitiste nous commande de révéler.

Tous les mois, à époque fixe, une hallucination terrible vient troubler le silence de ses nuits. La nuit fatale, il se réveille en sursaut dans un état pyrexique extrême. Une folie subite s'empare de son esprit; il a devant lui un fantôme! Dans ce fantôme ensanglanté qui lui montre du doigt une plaie béante qui lui traverse la poitrine, il reconnaît l'Arabe pillard et voleur qu'il a tué en Syrie. Pâle, terrifié, haletant, le front mouillé d'une sueur glacée, il veut crier, mais sa parole s'arrête comme étranglée dans sa gorge; il veut repousser le spectre qu'il a devant lui mais ne parvient qu'à rencontrer le vide. Épuisé, anéanti, il retombe sur sa couche où il se rendort d'un sommeil léthargique jusqu'au lendemain matin; et, lorsqu'il se réveille, rien ne semble paraître des troubles de la veille.

Si cependant vous êtes quelque peu observateur, que vous le rencontriez l'air soucieux, la mine abattue, passez rapidement en vous disant tout bas : C'était hier la nuit de l'Arabe.

Le Docteur Léon GAGE

Si réellement le regard reflète les sensations de l'âme; si nous nous accordons le droit de présager le caractère de l'homme par l'expression de sa physionomie, point n'est besoin de posséder l'esprit d'observation d'un astronome, ou la minutie d'un botaniste, pour de prime abord, porter un jugement favorable sur la personnalité toute sympathique du docteur Gage.

De stature moyenne, les traits réguliers, taillé

en force, élégant de mise, toujours riant, affable et bienveillant, le docteur est un franc et joyeux compagnon dont l'amabilité vous séduit et la gaîté vous charme. C'est une nature foncièrement bonne vers laquelle vous vous sentez instinctivement attiré.

Définissons-le par un mot tout campagnard, c'est un enjôleur.

Praticien de talent autant que philanthrope convaincu, Gage est une âme généreuse en même temps qu'un esprit élevé. La remarquable droiture de son caractère ainsi que ses capacités médicales, lui ont acquis une légitime renommée.

La guerre et la Commune ont mis à l'épreuve son courage et son dévouement, qui ont été ce qu'ils devaient être : au-dessus de tout éloge.

Organisation énergique et vivace, avide d'émotions, le docteur trouve une saveur toute particulière, entre une ordonnance et une consultation, à endosser l'habit du veneur pour *courre* le cerf ou le renard. Les émotions cynégétiques le reposent des succès professionnels. Écuyer intrépide, chasseur passionné, il chante avec goût, dessine et peint d'une façon charmante, il fait même du modelage à ses moments perdus.

Homme du monde, musicien et savant, le docteur á beaucoup voyagé en Orient et en Occident, d'où il a rapporté des impressions originales, qui en font un causeur aimé et recherché.

En art, Gage est un éclectique raffiné. Les toiles de maîtres, les vieilles armes, les faïences de Nevers, de Rouen ou de Delft, les vitraux allemands ou hollandais, les ivoires italiens, les mille étoffes renfermées dans son coquet appartement, véritable capharnaüm artistique, dénotent un amateur sérieux, doublé d'un homme de goût.

Gage, l'épée à la main, est un fougueux. La main vigoureuse, il attaque par des *battements* excessifs suivis d'une *retraite* de *main,* et pare par des *demi-cercles* violents. Lorsqu'il aura équilibré son jeu en y mettant moins d'acharnement et un peu plus de sang-froid, grâce aux qualités multiples dont la nature l'a doué et à son véritable engouement pour l'escrime, nous aurons lieu d'augurer d'ici quelques années une épée de valeur, dont le vieux maître aura le droit d'être fier à juste titre.

Pour s'aider à passer joyeusement les longues soirées d'hiver, Gage se laisse souvent aller à courtiser la très haute et très puissante dame de pique. Nous dirons pour être franc que, malgré son grand âge et les séductions naturelles du docteur, la vieille dame, en grande coquette qu'elle a toujours été, ne lui accorde que fort rarement ses faveurs.

Philosophe, le docteur s'en console en restant le médecin aimé des dames.

Le Docteur GIRAUDEAU

Les qualités aimables de Giraudeau, jointes à la dignité de son caractère, lui ont concilié à juste titre l'estime générale de ses collègues.

Sagace et instruit, homme du monde et causeur d'esprit, Giraudeau, d'un naturel réservé, sait lancer à propos le mot juste qui dénote l'homme de savoir-vivre et de bonne compagnie.

Docteur de nom et de fait, quoique ne pratiquant pas, Giraudeau a étudié la médecine comme d'autres font de la peinture ou de la musique : en amateur.

Voyageur entreprenant autant qu'explorateur intrépide, il profite des beaux jours pour parcourir les pays nouveaux. C'est un novateur de la science pour laquelle il se plaît à recueillir toujours quelques documents utiles, et pour lui quelque chose d'instructif.

Il serait à désirer que tous les hommes de fortune et de loisir sussent faire de leur temps un emploi aussi intelligent. Bibliophile érudit, collectionneur éclairé, Giraudeau a la passion des beaux livres, des reliures précieuses, des belles suites de gravures. C'est un appréciateur compétent dont la joie devient de l'allégresse, lorsqu'il découvre un ouvrage inédit ou devient possesseur de quelque édition rare.

Le docteur pousse la passion du bouquin jusqu'à se réunir mensuellement dans des agapes fraternelles avec quelques monomanes congénères.

Inutile de divulguer qu'entre le turbot et la poire, les Elzévirs et les Estienne font tous les frais de la conversation. Giraudeau, en savant hygiéniste, est un véritable passionné des exercices corporels. La natation, qu'il pousse jusqu'au fanatisme, l'escrime, le cheval et même le patin à roulettes n'ont pas de plus fervent adepte.

Giraudeau n'apparaît à la salle que par série. Possesseur d'une grande vitesse de main, il riposte fort bien dans la ligne de *quarte.* Ses attaques consistent en *menacés coupés* timides ou en *dégagements* dans la ligne de tierce, qu'il entreprend peut-être avec trop de précipitation, mais qui n'en arrivent pas moins à leur but.

Son défaut provient du manque de souplesse de ses jambes qui l'empêche de se fendre et de se relever avec la vivacité que sa volonté voudrait y mettre.

Bon et charitable, sachant compatir aux malheurs d'autrui, Giraudeau disposé à retirer la main quand il pare le *cercle,* la tend toujours lorsqu'il s'agit d'une infortune à soulager. Nous pensons que l'un compense bien l'autre.

Le Comte de GRANDEFFE

L'aspect de Grandeffe est celui d'un commandant en retraite. Son air martial, le juste embonpoint qui convient à un chef de bataillon qui a longuement servi sa patrie, toutes ces apparences, Grandeffe les possède à s'y méprendre. Sous une enveloppe légèrement obèse, est enchassée une âme d'élite et un cœur d'or.

Grandeffe est amoureux de Bellone, ce qui contraste avec la plupart de ses collègues dont les préférences marquées sont pour la déesse de la beauté. Grandeffe trouve une certaine poésie dans la guerre! Que n'est-il Homère pour nous chanter ses sensations guerrières! Je ne puis me reporter à la triste année 1870 sans penser à Grandeffe. Je le vois encore à la caserne de la Tour-Maubourg, à la tête de ses mobiles qu'il conduisait au secours de la patrie mutilée; son air militaire, en même temps que son attitude résolue vous frappaient; vous sentiez devant vous non seulement un homme, mais encore un Français.

Du reste, Grandeffe a prouvé qu'il n'était pas seulement un guerrier rêveur; consultez sa boutonnière, vous trouverez peu de parterres ornés de fleurs aussi brillantes. Grandeffe en escrime est un peu somnolent, ses parades de *tierces volantes* et ripostes sont cependant rapides et même fougueuses; il marche un peu trop dans l'attaque; cette fâcheuse obésité y est bien pour quelque chose; mais que faire quand l'estomac commande! Grandeffe a été longtemps le défenseur de la veuve et de l'orphelin. On dit, mais bien bas, que Grandeffe avait une prédisposition marquée à défendre la veuve. Ce bruit provient sans doute d'un orphelin malveillant. Grandeffe est l'homme du dévouement. Sa vie n'est qu'une longue série de sacrifices à la patrie, à la famille, à ses collègues. Ses fonctions de secrétaire de la Société sont une preuve d'obligeance vis-à-vis des autres; Grandeffe s'en trouve largement récompensé par la sympathie que tout le monde lui témoigne.

Travailleur de la pensée, Grandeffe est de plus prosateur distingué. Son bagage littéraire (7 gros volumes) nous a prouvé que non seulement il savait observer et écrire, mais encore que son talent était marqué d'une empreinte toute particulière et toute personnelle. Chercheur infatigable, aimant à s'identifier aux difficultés, Grandeffe s'est épris d'une folle passion pour les langues sémitiques et exotiques. La passion de Grandeffe s'est trouvée complètement couronnée de succès par la possession qu'il a obtenue de l'hébreu, du malais, du chinois, du japonais et même du sanscrit. Hâtons-nous d'ajouter : quoique ces langues lui soient familières, Grandeffe préfère les parler toutes en français pour la facilité de son auditoire.

Encyclopédiste et philologue aussi remarquable qu'archiviste patient, Grandeffe est un collectionneur enragé. Rechercher des autographes, des beaux livres, des journaux, pousser la manie jusqu'à collectionner devinez quoi ?... des lettres de faire part! sont ses petits péchés mignons; qui n'a pas les siens? Dans la vie privée, Grandeffe se figure souvent être atteint d'une maladie imaginaire. Les trois gilets de flanelle qu'il porte superposés les uns sur les autres sont une des précautions accordées à ses craintes. N'est-il pas permis aux héros d'avoir leurs petits défauts?

Charles LE ROY

La salle d'armes est en plein travail; les assauts se poursuivent avec entrain; quand soudain, un bruit immense se fait entendre. La porte du *Fencing-Club* s'ouvre avec fracas. Les assauts s'arrêtent, les fleurets s'abaissent, un cri d'effroi!... puis de plaisir. Messieurs, saluez! Vous avez devant vous l'autorité de la salle. Le Roy, tous l'ont reconnu, l'air décidé, la figure souriante, entre parmi nous scrutant déjà de l'œil sa future victime. Le Roy est le censeur de la société, il fait la police de la salle et s'en acquitte à merveille. Il est à cheval sur le règlement, rien ne peut le désarçonner ; chaque faute est vertement réprimée. C'est le Néron de l'escrime.

La multiplicité de ses amendes ont fait jaser les mauvaises langues. Le Roy, disons-le, a passé pour être l'agent secret d'une société vinicole champenoise. Après enquête officieuse, il a été prouvé que son amour immodéré pour la veuve était la seule cause de ces soupçons immérités. L'incident n'a pas eu de suite. Le Roy, l'épée à la main, a le même entrain que partout où il se trouve. Sa garde est celle d'un bravo moyen âge. Son jeu des plus difficultueux. Ses attaques par *menacés coupés* sont d'une vitesse télégraphique, il évite celles de son adversaire par un bond en arrière d'une grande agilité. Il possède de plus l'à-propos du *coup d'arrêt* comme personne.

Le Roy ressent de douces sensations à faire sentir sa supériorité aux jeunes tireurs généralement remplis de prétentions. Cela provient qu'autrefois sa générosité a été récompensée par la vantardise. Le Roy se venge galamment; et a raison.

Tireur infatigable, Le Roy est le Porthos de l'escrime... l'esprit en plus. Sa rentrée dans l'enceinte du *farniente* fait événement. Sa gaîté est communicative, son esprit vif et pétillant. Le mot gaulois le transporte. Ses facéties ont le don d'ahurir le masseur qu'il a surnommé *l'officieux*.

Il est rare qu'après ses exercices hygiéniques Le Roy n'entonne pas le refrain de quelque opéra en vogue, qu'il vocalise du reste en musicien consommé.

On a remarqué avec une certaine stupeur que Le Roy, très bruyant dans la salle de conversation, *vulgo :* vestiaire, faisait encore plus de vacarme dans les assauts. Il est ce que l'on appelle au théâtre un brûleur de planches.

Passionné de la chasse, de la boxe, de la canne et du sabre, Le Roy s'adonne à tous ces sports avec la *furia* inhérente à sa nature de feu. Aussi brave que téméraire, en 1848 et 1871, Le Roy contribua par le concours de son énergie chevaleresque à sauver la société menacée. La rosette d'officier de la Légion d'honneur qu'il porte comme une épingle de cravate en a été la double et juste récompense.

Érudit de la vieille école, Le Roy professe pour les poètes latins, Virgile, Juvénal et Homère un culte que trahissent d'incessantes citations.

Aussi chevelu qu'Absalon, il fut un temps où Le Roy, pour donner un pli coquet à son abondante chevelure, l'emprisonnait nuitamment dans un filet protecteur.

O tempora, o mores !

Aujourd'hui le cheveu se fait rare, la calvitie est presque complète. Les succès et les cheveux n'ont jamais frayé ensemble, mon cher Le Roy! Ceux-ci ont tué ceux-là.

Le Baron de MARESCOT

Si, vous promenant sur les quais, vous rencontrez un gentilhomme armé de bouquins, aux allures d'un jeune étudiant prêt à passer sa thèse, il vous sera facile de reconnaître le baron R. de Marescot.

Marescot est un des joyeux compagnons de la salle. Sa physionomie ironique et imperceptiblement dédaigneuse dénote l'homme d'esprit et d'à-propos. La sympathie lui est acquise à première vue.

En escrime, Marescot nous fait l'effet d'un jeune lion privé depuis longtemps de liberté. Il attaque avec rage et furie par sauts et par bonds, de même qu'il déploie toute son agilité à rompre pour échapper aux ripostes de son adversaire. Son jeu consiste en demi-attaques suivies d'attaques rapides. Il est en bonne voie pour devenir une de nos épées les plus difficiles. Marescot professe un goût immodéré pour les ébats aquatiques. Il ne peut se trouver en face d'un lac, d'un étang, d'une mare, sans avoir l'envie de s'y livrer au plaisir de la natation. C'est le membre amphibie de la salle. En dehors de son esprit tout parisien, Marescot est un érudit *di primo cartello*. Les voyages constants qu'il entreprend dans la capitale flamande, ont pour but un grand travail historique, dont il recherche méticuleusement les matériaux. Du reste, Marescot n'en est plus à son coup d'essai; les titres qui le recommandent dans le monde savant sont nombreux et fort appréciés.

Marescot est un de nos jeunes élégants habitués des premières, qui, pendant le grand conflit de 1870, ont soutenu vaillamment la réputation de bravoure de la noblesse française. Le ruban jaune de la médaille militaire qu'il porte à côté de son camélia, est une preuve irréfutable de sa belle conduite.

D'un naturel sceptique, Marescot a conservé la curiosité de son jeune âge. Ne lui confiez jamais un polichinelle, il le pourfendrait pour voir ce qui est renfermé dans ses bosses.

Alfred de MOLOMBE

Molombe est un de nos plus gais compagnons. La bonne humeur semble avoir élu domicile dans toute sa personne. Il vit dans la fournaise parisienne comme les salamandres de la fable vivaient dans le feu; son talent a été jusqu'ici de ne jamais s'y brûler.

La vie de Molombe est partagée entre l'équitation, l'escrime et le bal. Il est danseur intrépide, ce qui, joint à son amabilité bien connue, le fait rechercher des maîtresses de maison. Molombe raconte l'historiette avec la finesse d'un habitué de salon. Sa politesse est exquise sans être guindée. Le tout Paris connaît Molombe et Molombe connaît le tout Paris ; c'est une réciprocité de notoriété.

Molombe en escrime est un romantique. L'irrégularité de son jeu en fait un tireur des plus excentriques et l'une des lames les plus difficiles. Ses attaques par retrait de main, suivies de dégagements rapides, déroutent complètement l'adversaire. Molombe est le même sur le terrain que sur les planches de la salle d'armes. Un certain duelliste de la Haute-Saône a connu jadis l'effet de son jeu terrible.

Pendant la guerre, Molombe a fait la campagne de l'Est sur la légendaire *Pussy-Cat.* N'eût été le désarroi qui régnait en France à cette époque, nous eussions vu briller sur la poitrine de Molombe l'étoile des braves qu'il avait si bien méritée.

Molombe est un gastronome consommé. Il faut reconnaître qu'en dehors de ses repas, il est la sobriété même.

Juillet est le terme extrême du séjour de

Molombe à Paris, époque à laquelle il se rend dans son domaine de Roche-sur-Linotte. La chasse à courre et ses fonctions municipales (car Molombe est maire de sa commune) le retiennent dans ses terres jusqu'aux frimas.

Molombe est un mondain militant et un délicat en matière amoureuse. Ses aventures galantes ne se comptent plus. Pourquoi avoir laissé entrer le loup dans les bergeries !

Le Général M. NEY Duc d'Elchingen

Michel Ney est le véritable type de l'officier français de l'armée d'Afrique. Sa physionomie ouverte, son allure franche et décidée, son attitude et son langage, tout en lui appelle la sympathie et commande le respect.

Ney est la bravoure dans ce qu'elle a de plus pur et de moins affecté. On n'est pas impunément le petit-fils du brave des braves sans que votre aïeul ne vous ait légué quelques-unes de ses brillantes qualités. Ney fut l'un des commandants de la contre-guérilla au Mexique, où ses exploits sont devenus légendaires. Les balafres qui couturent son visage sont de glorieux souvenirs de la charge héroïque qu'il fit à la tête de ses dragons pendant le siège de Metz.

De la race des grands capitaines, Ney est fort aimé de ses soldats. Il sut, dans les jours de mauvaise fortune et d'exil, réconforter leur courage abattu, par des paroles simples que le cœur seul peut dicter en de pareilles circonstances.

Longtemps colonel du 6me chasseurs, Ney y remit en vigueur le bel art de l'escrime tombé en désuétude depuis quelques années. D'une vigueur musculaire et d'une adresse remarquable que les exercices violents de la vie des camps ont singulièrement développées, il réussit merveilleusement dans tous les sports, qu'il pratique, du reste, avec beaucoup d'assiduité.

A la salle d'armes, Michel Ney est un tireur des plus bouillants. La théorie classique n'a pas ses faveurs. Pour lui, toute la science des armes consiste à toucher et à ne pas l'être.

Là, comme à la tête de sa brigade, son cri de ralliement est : A fond et dans le tas!

HENRY DE PÈNE

Tout le monde connaît cette physionomie essentiellement parisienne. Grand, bien découplé, de tournure distinguée, de mise élégante, Henry de Pène est un gentleman accompli, fort apprécié dans le *high-life,* où il est très connu et très aimé.

Les cheveux noirs, les yeux empreints d'une grande douceur, un nez aquilin aux narines dilatées, à l'arête fine et nerveuse, des dents blanches, le teint mat, la barbe aux reflets bleutés, Henry de Pène a le beau type des races orientales. Aussi notre imagination se complaît-elle, si nous la laissons quelque peu s'égarer dans le pays de la fantaisie, à nous le représenter coiffé de la koufie des musulmans, drapé dans le cafetan des Asiatiques.

Écrivain des chroniques mondaines sous l'Empire, Henry de Pène, dans notre bouleversement social, s'est révélé comme un véritable maître de la plume. La justesse de ses appréciations, la hauteur de ses vues, la bonne foi de ses polémiques, l'ont placé à la tête de nos écrivains les plus érudits et de nos journalistes les plus remarqués. Ancien directeur de la *Gazette des étrangers,* actuellement à la tête de *Paris-Journal,* Henry de Pène pendant longtemps a modestement collaboré à divers journaux quotidiens, sous le masque du pseudonyme. La rosette de son masque n'a jamais été assez solidement attachée pour que, du premier coup d'œil, son style élégant ne décélât l'homme du monde sympathique sous l'écrivain érudit.

Pendant les événements néfastes de la Commune, Henry de Pène, n'écoutant que son courage et sa conscience qui lui dictait le rôle de conciliateur, fut l'un des héros malheureux qui tombèrent sous les balles des meurtriers de la place Vendôme. Aujourd'hui, complètement remis de ses blessures, il soutient la cause conservatrice dont il est considéré à juste titre comme l'un des champions les mieux trempés. A la salle d'armes, de Pène est un fougueux; son jeu extrêmement varié procède par *coups droits, dégagements* et *battements,* le tout entrepris sans trêve ni merci. Possédant le sentiment du fer au plus haut degré, il sait arrêter à propos les audaces de son adversaire.

Son défaut consiste à attaquer avec trop de précipitation et à abuser un peu trop du *redoublement.* A part ces légères imperfections, l'épée de de Pène peut être considérée comme l'une des plus originales, difficile à combattre, peu facile à vaincre.

Lucien PINAUD

Pinaud, au physique, a le profil d'un Florentin du XVIe siècle. D'une taille moyenne, d'une constitution vigoureuse, avec une tendance à l'embonpoint qu'il combat par tous les systèmes (afin de rester bel), de mise élégante, le monocle vissé sous l'arcade sourcilière droite (sans doute pour ne pas fatiguer l'œil gauche), Pinaud est un curieux mélange du flegme britannique et de la gaîté française. D'un caractère impassible, il a soin d'éviter tout ce qui pourrait lui rendre la vie difficile ou désagréable. Se laissant difficilement aller à l'émotion, l'appréhension le laisse froid et incrédule jusqu'à ce que la réalité le trouve philosophe et résigné. Loustic de la salle, Pinaud y donne un libre cours à sa verve. Son esprit, plein de vivacité et d'à-propos, éclate constamment en réparties heureuses ; mais souvent gare la bombe !

Pinaud, chose étrange, malgré ses saillies grivoises ou ses taquineries agressives, ne parvient point à éveiller la susceptibilité du vieux maître auprès duquel il semble posséder des droits à l'impunité que ne tempère aucun respect. Cette indépendance poussée jusqu'à l'indiscipline a suggéré à un sociétaire malicieux l'accusation bizarre qu'il devait y avoir un cadavre entre le maître et l'élève.

L'instruction sur ce point n'a pas encore abouti.

Excessivement mondain, aimant le monde pour le monde, Pinaud n'est pas insensible aux séductions terrestres. La beauté des femmes, la lumière des lustres, le parfum des fleurs, le transportent dans une ivresse qui le fait vivre de la vie du rêve l'espace d'un instant.

Émule des Strauss, des Gung'l, des Marcailhou et des Métra, il est l'auteur de valses brillantes qui, à sa grande désolation, n'ont pas encore été consacrées par l'orgue de Barbarie, ce panthéon des gloires musicales. Qui vivra verra.

Pinaud, comme tous les hommes du monde de sa génération, a le culte du bibelot; il a même une certaine prétention à passer pour expert dans la matière. Les vieilles tapisseries, les tableaux de maîtres, les chefs-d'œuvre de la céramique dont est orné son hôtel, témoignent largement en faveur de sa compétence artistique.

Sportsman militant, Pinaud a le goût inné des luttes hippiques. Il faut le voir les jours de courses, la lorgnette en sautoir, le *book* à la main, se démener dans le *ring* de Longchamps ou de Chantilly.

Malgré ses connaissances techniques et pratiques, les bénéfices que Pinaud retire chaque année de ses nombreux paris sont pour lui la source de nouvelles désillusions. Rien ne démonte sa foi robuste dans un gain extravagant qui doit le venger de toutes ses pertes; il a la monomanie du *tuyau*.

O naïveté du parieur qui vient constamment grossir le nombre des plumés dans le pigeonnier des *bookmakers!*

Amateur passionné des exercices virils, Pinaud les a tous pratiqués et les pratique encore. Il a surtout un faible tout particulier pour l'escrime.

Bien posé comme garde, il fait précéder ses attaques par un *coup droit* où il gagne insensiblement le fer de son adversaire, ou par un *menacé coupé* fort bien exécuté. Son défaut consiste à marcher un peu trop dans ses feintes. Préférant la parade à l'attaque, Pinaud excelle dans la *quarte* et le *contre* de *quarte*. La grande correction de son jeu, conséquence de ses nombreux plastrons, nous le fait considérer comme l'un des tireurs les plus classiques de la salle. Vif et souple, lorsqu'il aura gagné en jugement et corrigé ses excès de mouvements, il deviendra une de nos épées de premier ordre (du moins, telle est son opinion).

Appelé par les suffrages de ses collègues à la sous-censure de la salle, Pinaud, en l'absence de son chef direct, en remplit courageusement les délicates fonctions. A cet effet, il a composé un code draconien en 26 articles dont le but est la réprimande et le rappel à l'ordre des sociétaires qui, par la légèreté de leurs propos ou autres fautes délictueuses, se seraient momentanément écartés des us ou coutumes du *Fencing-Club*. Ajoutons que ce code est appliqué dans toute sa rigueur.

Fantassin pendant la dernière guerre aux mobiles de Loir-et-Cher, Pinaud en est sorti à son honneur. Il a été reconnu sans conteste que, pendant cette terrible campagne, il était devenu d'une force positive au bouchon!

POCHET

Pochet a gagné les suffrages de ses collègues en première instance. Il faut qu'il en prenne son parti : aucun d'eux n'est disposé à aller en appel, tellement a été reconnue juste la décision du premier arrêt.

Pochet a le maintien grave du magistrat. La rigidité professionnelle n'exclut cependant pas en lui la gaîté française.

Pochet est un des jolis tireurs de la salle. La

régularité de son jeu, la précision mathématique de ses attaques feraient pâlir bien des maîtres d'armes, si les maîtres d'armes pâlissaient encore. Les ripostes sont vives sans être aussi brillantes.

Comme adversaire, Pochet est d'une courtoisie poussée à l'excès. Lorsqu'il donne un coup de bouton, il semble qu'il ait honte d'avoir touché. Pochet est malheureusement dans la période transitoire, les rhumatismes le tracassent souvent; cela ne peut cependant s'attribuer à son manque d'exercice, car, en dehors de l'escrime, Pochet est un fanatique de la chasse à laquelle il s'adonne en Nemrod enragé. Le lapin est son ennemi juré. A ravageur, ravageur et demi, s'est dit Pochet. Renseignez-vous auprès des gardes des bois de Rambouillet, vous pourrez vous convaincre que Pochet a tenu parole.

En matière juridique, Pochet n'assume sa responsabilité morale qu'à bon escient.

La saineté de son jugement, l'impartialité de ses vues, en font un des jurisconsultes les plus appréciés pour ses connaissances sérieuses et approfondies. C'est un oracle à consulter.

Le Comte Nicolas POTOCKI

Potocki est le tireur brillant par excellence; l'élégance de son jeu, la rapidité de son tir, la vitesse vertigineuse de ses parades, la précision de ses ripostes en font une des plus jolies lames de Paris. Son défaut consiste malheureusement à ne pas assez se servir de ses jambes. Insouciant du coup de bouton comme un homme sûr de lui-même, Potocki, lorsqu'il tire avec un adversaire d'une force inférieure à la sienne, se donne trop l'air du chat qui joue avec une souris avant de la croquer; chose étrange, dans ces combats on a vu souvent le chat sortir quelque peu marqué des morsures de la souris. Potocki se sent dans la plénitude de ses moyens lorsqu'il est entouré d'une assistance spéciale, aussi fait-il merveille dans les assauts publics. Au physique, Potocki est un gentleman correct, à l'aspect bon et sympathique. Sa gracieuseté et son obligeance sont trop connues et appréciées pour que nous essayions ici d'en faire le panégyrique.

En dehors des salles d'armes (où Potocki nous fait pas mal d'infidélités), il est grand amateur de tous les sports qu'il pratique cependant avec moins d'assiduité que l'escrime. La réputation européenne de sa galerie de l'avenue Friedland nous dispense de le citer comme un fin amateur de tableaux et d'objets d'art.

De même que le grand roi protégeait les belles-lettres, Potocki, dans un autre ordre d'idées, est le propagateur des inventions nouvelles. C'est lui l'introducteur à la salle, de la lampe à inflammation instantanée à l'usage des sociétaires fumeurs. Il fut le premier à posséder le podomètre, le briquet coup de poing, la boîte à mo vement rotatif, le crayon à musique et mille autres nouveautés dont nous perdons le souvenir.

La réflexion que nous faisait un jour un des amis de Potocki le résume en peu de mots. Nicolas, nous disait-il, est un tel amoureux du fleuret, qu'il n'est heureux que les années bissextiles parce qu'il trouve un jour de plus à consacrer à l'escrime.

Signe particulier : Quand Potocki s'en va *pedibus cum jambis,* vous le trouverez toujours accompagné de sa chienne Diane, armé de sa canne ou de son parapluie.

Le Duc de RIVIÈRE

De même que les Francs et les Gaulois recherchaient leur chef parmi les guerriers les plus valeureux, les membres de l'académie d'armes de la rue Saint-Honoré, admirant et respectant cet antique et noble usage, ne pouvaient faire un choix plus judicieux et plus sage, qu'en appelant à la succession de leur regretté président le comte de Mailly-Chalon, tué glorieusement à l'ennemi, le duc de Rivière digne en tous points d'être leur chef à tous.

Porteur d'un nom illustre, grand, large d'épaules, de structure vigoureuse, l'abord du duc de Rivière est aimable et accueillant. Grand propriétaire foncier, agronome distingué, d'une sûreté de relations sans égale, le duc jouit dans le Cher d'une popularité considérable due autant à la droiture de ses sentiments qu'à son aménité de caractère. Attaché à la foi de ses pères, il en reste le défenseur convaincu. Appelé récemment à un siège sénatorial par les suffrages de ses concitoyens qui l'entourent de l'estime la plus universelle, le duc de Rivière saura tenir sa place avec éclat dans la future Chambre haute.

D'une courtoisie et d'une aisance de bon ton, dont les grandes familles semblent seules avoir conservé le secret, le duc de Rivière nous fait l'effet d'un de ces grands seigneurs féodaux, oublié dans notre siècle affairé et positif.

Malgré soi, on se représente le duc vêtu du pourpoint de peau de buffle, chaussé de larges bottes éperonnées, l'épée au côté, la dague à la ceinture.

Ajoutons que, s'il eût vécu dans ce siècle de cape et d'épée, fécond en brillants capitaines, le duc n'en eût pas été l'un des moins valeureux champions.

En dehors des affaires de l'Etat et des besoins de son département, le duc partage son temps entre les expositions d'art dont il est grand amateur, sa partie de whist au Cercle agricole et la salle d'armes.

En escrime, le duc peut être considéré à bon escient comme un redoutable adversaire. La main est d'une sévérité extrême; il attaque avec une hardiesse extraordinaire par des *pressions* violentes où son poignet d'acier éloigne le fer de son adversaire d'une façon étonnante, ou par des *trompements d'épée* qu'il entreprend avec une impétuosité incroyable. C'est une épée incorrecte peut-être, mais de laquelle on a difficilement raison.

Le duc, comme délassement hygiénique, fait de la boxe, exercice des plus pratiques et des plus salutaires où son adresse et sa vigueur font merveille.

Serviteur fidèle des vieilles traditions domaniales, le duc de Rivière a conservé dans son canton le droit du seigneur. Hâtons-nous de proclamer bien haut que, pour le duc, ce droit consiste à être le plus aimé et le plus admiré par les bienfaits qu'il sème autour de lui en prodigue.

Le Comte SALA

Blond, joli garçon, le teint frais, l'aspect mélancolique et rêveur, Sala a la complexion du keepsake anglais sur la stature fortement charpentée des hommes du Nord.

Distingué dans sa mise sans afféterie, ce que l'on constate de prime abord, c'est l'expression à la fois énergique et juvénile de sa physionomie. Sa taille bien prise annonce une constitution forte et résistante; sa moustache fine et soyeuse que plisse profondément un sourire caressant et malicieux, un observateur et un homme d'esprit. Fils du comte Sala dont le dévouement sublime à la duchesse de Berry restera comme une des plus belles pages généalogiques de sa famille, Sala est en tous points digne de son illustre aïeul.

C'est un grand nom fièrement porté.

Homme du monde achevé, penseur profond, ses traits indiquent une volonté qui n'exclut pas la prudence. Diplomate d'avenir, c'est un de ces braves gentilshommes qui pensent non sans raison « que la naissance fait moins d'honneur qu'elle n'en ordonne. »

En escrime, grâce à ses qualités merveilleuses, Sala aurait pu prétendre à un classement bien supérieur à celui qui le place dans les tireurs de mérite, si son assiduité ne s'était trop souvent trouvée entravée par suite des exigences professionnelles. Bien campé sous les armes, ne perdant jamais son sang-froid, comme il convient à un futur ambassadeur qui aura un jour à défendre des intérêts plus chers que les siens propres, Sala est une épée des plus sérieuses.

Pareur habile, il riposte du *tac* au *tac* avec une vivacité incomparable.

Son jeu plein d'entrain et de ressources, fertile en surprises de toutes sortes, excelle à tendre des pièges à son adversaire. Malheur à l'audacieux ou plutôt au naïf qui s'y aventure follement; le coup de bouton devient fatal.

Esprit délié et humoristique, maniant facilement l'épigramme, Sala ne déteste pas taquiner le vieux maître, mais le fait avec une telle gentillesse et un tel à-propos, qu'il parvient plutôt à dompter le lion qu'à le faire rugir. Musicien, faut-il pousser l'indiscrétion jusqu'à révéler l'air dont il raffole ? Eh bien ! avouons donc qu'il a un faible tout particulier pour le *Yankee dodle,* mais..... chut! nous comptons sur votre discrétion la plus absolue.

André VALLÉE

Blanc et rose comme un abbé galant du temps de la Régence, Vallée a la mine placide et sereine de l'homme satisfait. D'un tempérament calme et dolent, il est la représentation exacte du sybaritisme le plus pur.

Caractère indifférent, n'aimant à s'inquiéter de rien, il laisse venir les événements comme ils se présentent, sachant les supporter avec stoïcisme quand ils sont fatals, ne se réjouissant pas outre mesure quand ils sont agréables. Sa philosophie est poussée à un tel degré, qu'il pourrait avoir servi de modèle à Sénèque pour son traité sur la tranquillité de l'âme.

Vallée se lève le matin sans avoir la moindre notion de la manière dont il emploiera sa journée; y réfléchir lui donnerait une peine qu'il évite comme répugnant à sa nature trop tranquille pour s'occuper de pareilles futilités.

D'une humeur joyeuse et facile, conséquence de l'estomac à toute épreuve dont la nature l'a gratifié, Vallée entre deux repas aime à se laisser aller à son passe-temps favori : la flânerie. Se promener sans but, observer les marionnettes humaines qui se meuvent autour de lui, représente à ses yeux la plus grande jouissance terrestre. Non content de flâner pour son propre compte, il a érigé la flânerie à la hauteur d'un dogme. Ferme dans ses principes, inébranlable dans sa foi, il a le culte de sa nouvelle religion. Prêcher ses théories dont il tâche de faire savourer tous les bienfaits à ses amis, résume son occupation la plus sérieuse. L'impartialité nous commande d'avouer que malgré la beauté réjouissante de ses doctrines, il n'a pu réussir jusqu'à présent à former aucun prosélyte.

Peu sportsman, inconstant dans tout ce qu'il a entrepris, Vallée a ébauché le piano, l'équitation, le patin, la pêche et le canotage. La chasse seule a eu le privilège de sa fidélité, non pour le gibier qu'il peut y tuer, mais pour les déjeuners qu'il peut y faire.

Véritable enfant de Comus, disciple des Gouffé et des Brillat-Savarin, il connaît exactement l'époque des primeurs, des huîtres, des truffes, du gibier et de la venaison. Il sait apprécier les merveilles de l'art culinaire en gourmet consommé et délecter lès vieux crus en parfait connaisseur.

Plus bibliomane que bibliophile, plus touriste que voyageur, plus garde national que militaire, Vallée, l'épée à la main, reprend tout son prestige. Impassible dans sa garde, solide à l'attaque, prompt à la riposte, les progrès rapides qu'il a faits dans un laps de temps fort court, témoignent en faveur de ses dispositions pour le grand art des Saint-Georges, des Pons et des Bertrand.

Aimé de tous ses collègues (même des autorités constituées) pour sa douceur, sa gentillesse et son aménité de relation, il excite leur curiosité par une particularité étrange de sa nature.

Contraste aussi bizarre qu'inexpliqué, Vallée a une passion folle pour les femmes maigres et un goût immodéré pour le pâté de foie gras !

Le Vicomte de VILLARSON

D'une taille au-dessus de la moyenne, bien proportionné, souple et élégant dans ses moindres mouvements, la tournure crâne et hardie, le vicomte de Villarson est le type parfait de l'officier français gentilhomme dont les perfections morales sont à la hauteur des qualités physiques.

Un peu maniaque, très rangé et même quelque peu méthodique, Villarson n'en est pas moins un excellent camarade aimé et estimé de tous ceux qui le connaissent. Animé des sentiments chevaleresques de ses aïeux, l'honneur, la foi du serment et l'amour sont pour lui l'objet d'un culte sacré.

Disons-le à sa louange, il est resté par ses principes une physionomie isolée au milieu d'un siècle où tout se nivelle.

Longtemps officier de cavalerie en Afrique, Villarson a fait ses débuts militaires dans le corps d'expédition du regretté général Yousouf. D'une bravoure téméraire, il a joué sa vie dans la dernière campagne franco-allemande avec la même audace et la même insouciance qu'il l'eût jadis exposée pour le simple ruban d'une dame. C'est un de ces loyaux gentilshommes qui savent allier à la noblesse du sang celle de leur propre mérite.

Décoré pendant les événements de la Commune à la prise de la redoute de Châtillon, Villarson une fois la révolution apaisée, quitte envers la patrie, donna sa démission.

Retiré momentanément à la campagne, il s'éprit d'une passion subite pour cette vie agreste qui respire le calme et la paix. Le grand air des champs, les allées vertes des forêts, les parterres fleuris des campagnes pleins de parfums réconfortants, les plaisirs équestres et cynégétiques eurent bientôt fait de transformer le brillant officier en un *gentleman-farmer* qui ne rêve plus aujourd'hui que gras pâturages et cépages abondants.

Devenu agronome par la force des circonstances, il partage le meilleur de ses soins entre l'amélioration de ses races chevalines, bovines et porcines et l'entretien de ses belles cultures. Nul doute qu'un de ces jours il ne décroche la grande médaille au concours agricole de sa région; ce qui soit dit en passant comblerait le plus cher de ses vœux.

Plein de déférence pour la peinture, la sculpture, la musique et tous les arts intelligents, il les pratique peu, mais les apprécie en parfait dilettante.

Si nous escaladions tant soit peu le mur de sa vie privée, nous dirions qu'il chante fort agréablement mais son égoïsme en cette circonstance ne nous le fait considérer que comme un ténor de cabinet.

Ne fréquentant la salle d'armes que pendant quatre mois de l'année, Villarson a ceci de particulier qu'à peine a-t-il un fleuret à la main, il se retrouve immédiatement en pleine possession de sa véritable force. Correctement en garde, le jeu sobre, la main légère, le doigté plein de finesse, Villarson sous les armes annonce le tireur nourri aux principes classiques; peu varié dans ses attaques qui consistent en *dégagements* ou en *une deux*, l'extrême rapidité de sa main se révèle dans ses parades de *contre de quarte* ou dans ses ripostes de *prime coupé de revers*.

C'est incontestablement l'un des plus jolis jeux de la salle et qui plus est l'un des adversaires les plus courtois.

En dehors du Cercle d'escrime, Villarson ne fait partie d'aucun club par suite de l'horreur instinctive qu'il éprouve pour le jeu. Cette répulsion est poussée à un tel paroxysme, que la seule vue d'un jeu de cartes le fait tomber dans un état de pamoison complet.

A-t-il joué? N'a-t-il jamais joué? Tel est le grave dilemme qui se pose à nos recherches. Le doute nous est d'autant plus permis que des témoins dignes de foi nous affirment qu'il fut un temps où le vicomte gagnait toutes les belles.

LES INTERMITTENTS

LES INTERMITTENTS

Richard BARING.

Un Anglais millionnaire qui nous fait trop rarement l'aumône d'un coup de bouton.

BARTHOLONI.

Homme politique, causeur aimable et spirituel, orateur chaleureux. Une de nos meilleures lames. Pourquoi la laisse-t-il si souvent au fourreau ?

Stéphane BASTERRÈCHE.

Ne fait des armes que pour attraper une courbature, qu'il soigne pendant un mois; puis revient en prendre une nouvelle et *vice-versa*, jusqu'à son départ pour la campagne.

LE VICOMTE R. BLIN DE BOURDON.

Gentilhomme aimable, député de valeur, épée de premier ordre. A déserté l'escrime pour la tribune.

HENRI BOREL.

Néophyte de l'escrime. Mène tous les sports de front auxquels il ne donne qu'un léger acompte. Grandira quoique pas Espagnol.

LE COMTE GUY DE CHABOT.

Sportsman passionné, ne lui parlez jamais escrime, il vous répondrait en vous demandant le vainqueur du futur Derby.

LE CAPITAINE F. GORE CURRIE.

Capitaine auquel les membres de la salle seraient tout disposés à offrir un commandement : celui de rester plus longtemps parmi eux.

H. L. DUMONT.

Ancien officier. Type martial et accueillant. Se souvient trop rarement qu'il a déjà éveillé à la salle de nombreuses sympathies.

E. DURUP DE BALAINE.

Membre qui a fait l'essai loyal de la salle et qui a disparu sans 24 Mai.

MAURICE DE GHEEST.

Talleyrand greffé sur Lauzun. Appartient sans doute à la noblesse de robe, si nous en jugeons par la loi des contacts.

DOCTEUR A. G. DE GRANDMONT.

Docteur de mauvais augure. N'apparaît à la salle que pour donner ses soins au vieux maître. Pourrait cependant faire de temps en temps quelques infidélités au bistouri pour le fleuret.

A. D'HEURSEL.

Nature ardente, impressionnable et spontanée.

Toujours montant, chassant, sautant, nageant et tirant... mais pas des armes.

Le Prince Ignace JELOWICKI.

Le plus affable des princes russes. Fait des armes comme pour se réchauffer.

N'est Parisien que de passage.

Louis de LAFAULOTTE.

Futur homme d'État, qui fait le coquet avec ses collègues en se laissant trop désirer.

Maurice RENOUARD-LARIVIÈRE.

Gai compagnon rempli de moyens et de..... paresse.

Le Baron Jules de LAREINTY.

Tireur d'instinct qui, avec de l'acquit et de la persévérance, est appelé à devenir un tireur de science. N'aura jamais besoin de devenir un charmant garçon.

PAUL LEROUX.

Astre diplomatique. A passé dans notre firmament comme un météore lumineux.

LE COMTE DE NAMUR.

Comte! les soucis de la politique flamande vous ont-ils fait oublier le cénacle où vous avez tant brillé jadis ?

NETTANCOURT-VAUBECOURT
(LE MARQUIS DE).

Gentilhomme de race, patriote éprouvé. Le siège de Nancy a ajouté un fleuron de plus à sa couronne.

Ne fait plus d'armes. Tâche de parer maintenant les rhumatismes; malheureusement n'y réussit pas toujours.

LE COMTE PHILIPPE DE NEVERLEE.

Marin qui a quitté son bâtiment pour voguer dans les eaux parisiennes. A dû s'y noyer n'en connaissant pas les courants dangereux.

Le Marquis Armand de POMEREU.

Nature juvénile, portant allègrement le poids de ses années. N'apparaît plus qu'à nos assemblées générales dont il est le Cicéron.

Auguste ROUZAUD.

Une hirondelle captive d'un rossignol.
Les beaux jours ne nous ramèneront-ils plus le rossignol et l'hirondelle ?

Henri SCHULZ.

Parisien acclimaté; affable et bienveillant.
Ne demanderait qu'à bien faire s'il disposait de son temps, aussi facilement que de sa bonne volonté.

Henry SOYER.

La main d'une grande vitesse, n'a d'égal que la rapidité des jambes dont il se sert pour passer devant la porte de la salle d'armes, sans y entrer.

Theault de LACROIX.

Un classique de l'épée dont il a été l'un des plus brillants adeptes. Se laisse de plus en plus désirer à la salle où il semble oublier qu'il a laissé subsister des amitiés sincères.

Jules TEXIER.

Fut pendant longtemps l'un des assidus de la salle dont il fût devenu incontestablement l'une des gloires.

Se cantonne aujourd'hui dans une retraite aussi regrettable qu'inexpliquée.

LES INVISIBLES

LES INVISIBLES

Le Capitaine J. H. ANDERSON.
Georges AUBERNON.
Le Baron G. BENOIT-CHAMPY.
Le Baron BENOIST-MÉCHIN.
Le Baron Just de BERNON.
Edmond BLANC.
Paul BRAME.
Le Colonel F. BURTON.
Louis CAHEN D'ANVERS.
Le Marquis de COSTA-BEAUREGARD.
Ange DEGLISE.
Paul DUFOUR.
G. DUSART.
Ernest ÉTIENNE.
Le Comte D'ÉVRY.
Henry FAUCHER.

Le Comte FOUCHER DE CAREIL.
Le Comte DE KERGORLAY.
Le Baron E. DE LA DOUCETTE.
JULIEN LAVALLEY.
GASTON LEGRAND.
J. F. LOUBAT.
Le Comte R. DU LUART.
Le Marquis MAISON.
ALEXIS MARÉCHAL.
RAYMOND DE MONBEL.
Le Baron GEORGES DE PLANCY.
Le Comte DE RANST DE SAINT-BRISSON.
Le Baron DE RANST DE BERCHEM.
Le Baron GUSTAVE DE ROTHSCHILD.
Le Baron JAMES NATHANIEL DE ROTHSCHILD.
Le Baron EDMOND DE ROTHSCHILD.
Le Baron ARTHUR DE ROTHSCHILD.
GUSTAVE ROUHER.
Le Vicomte DE SAINT-ASAPH.
Le Comte DE SAINT-GILLES.
Le Baron R. DE SAINT-PIERRE.
JULES SENARD.
ALBERT VANDAL.

Paris. — Société anonyme d'Imprimerie. — PAUL DUPONT, Dr. (Cl.) 270.3.80.

www.ingramcontent.com/pod-product-compliance
Ingram Content Group UK Ltd.
Pitfield, Milton Keynes, MK11 3LW, UK
UKHW021052260726
13994UKWH00002B/514